Jose Stolz

Design von graphischen Benutzeroberflächen

GRIN Verlag

Bibliografische Information der Deutschen Nationalbibliothek:

Die Deutsche Bibliothek verzeichnet diese Publikation in der Deutschen National-
bibliografie; detaillierte bibliografische Daten sind im Internet über http://dnb.d-
nb.de/ abrufbar.

Impressum:

Copyright © 2006 GRIN Verlag GmbH
Druck und Bindung: Books on Demand GmbH, Norderstedt Germany
ISBN: 978-3-640-70230-5

Dieses Buch bei GRIN:

http://www.grin.com/de/e-book/64228/design-von-graphischen-benutzeroberflae-
chen

GRIN - Your knowledge has value

Der GRIN Verlag publiziert seit 1998 wissenschaftliche Arbeiten von Studenten, Hochschullehrern und anderen Akademikern als eBook und gedrucktes Buch. Die Verlagswebsite www.grin.com ist die ideale Plattform zur Veröffentlichung von Hausarbeiten, Abschlussarbeiten, wissenschaftlichen Aufsätzen, Dissertationen und Fachbüchern.

Besuchen Sie uns im Internet:

http://www.grin.com/

http://www.facebook.com/grincom

http://www.twitter.com/grin_com

SWE02
Softwareentwicklung Aufbaukurs

Thema 7
Design von graphischen Benutzeroberflächen

Jose Stolz

Inhaltsverzeichnis

Inhaltsverzeichnis 2
Abbildungsverzeichnis 3
1   Zielsetzung des Projekts 4
2   Graphische Benutzeroberflächen GUI in JAVA 5
   2.1   Abstract Window Toolkit AWT 5
   2.2   Swing 5
3   Container 6
   3.1   Frame 6
   3.2   Panel 6
   3.3   Canvas 7
   3.4   ScrollPane 7
   3.5   MenuBar und ToolBar 7
   3.6   DialogBox 8
   3.7   TextPane und EditorPane 8
   3.8   TabbedPane 9
4   Interaktionselemente 10
   4.1   Ein- und Ausgabefelder 10
   4.2   Buttons 10
   4.3   Listen und Tabellen 11
   4.4   Graphiken 13
   4.5   Erweiterte Elemente 14
   4.6   Gestaltungselemente 14
5   Geeignete Steuerelemente auswählen 16
6   Fazit 21
Literaturverzeichnis 22

Abbildungsverzeichnis

Abbildung 1: Frame 6
Abbildung 2: Panel 6
Abbildung 3: Canvas 7
Abbildung 4: ScrollPane 7
Abbildung 5: Menuleiste 8
Abbildung 6: Toolbar 8
Abbildung 7: DialogBox 8
Abbildung 8: EditorPane 9
Abbildung 9: TabbedPane 9
Abbildung 10: Textbox und Textarea 10
Abbildung 11: Buttons 10
Abbildung 12: Checkboxes 11
Abbildung 13: Radiobuttons 11
Abbildung 14: List 11
Abbildung 15: Drop-Down-List 12
Abbildung 16: Combobox 12
Abbildung 17: Tabelle 12
Abbildung 18: Tree-View 13
Abbildung 19: Icon 13
Abbildung 20: Slider 13
Abbildung 21: Progressbar 14
Abbildung 22: Scrollbar und Splitbar 14
Abbildung 23: Tool Tip 14
Abbildung 24: Radiobuttons mit Option Herr und Frau 16
Abbildung 25: Combobox mit Rabattklassen 16
Abbildung 26: Radiobuttons mit 3 Optionen 17
Abbildung 27: Optionpane mit Symbol 17
Abbildung 28: Progressbar zeigt Kopiervorgang an 17
Abbildung 29: Tree View stellt Stücklistenstruktur dar 18
Abbildung 30: Table-Steuerelement mit der Darstellung der Seminarteilnehmer 18
Abbildung 31: ColorChooser 19
Abbildung 32: Drop-Down-Listen und List-Element 19
Abbildung 33: Textarea ermöglicht mehrzeilige Eingaben 20
Abbildung 34: Slider regelt die Helligkeit 20

1 Zielsetzung des Projekts

In der heutigen Zeit gibt es kaum noch Arbeitsplätze, die ohne Computer auskommen. Viele Aufgaben werden durch den Rechner automatisiert und helfen dabei effizienter zu arbeiten. Dennoch zeigt sich immer wieder, wie schwer es manchen fällt, ein neu eingeführtes Anwendungssystem zu bedienen. Die Gestaltung einer graphischen Benutzeroberfläche ist meist eine unterschätzte und oft schwierige Aufgabe. Welche Steuerelemente stehen für die Entwicklung zur Verfügung? Welches Objekt ist für welche Belange die richtige Auswahl?

Die Zielsetzung dieses Projekts ist, die wichtigsten Elemente in der graphischen Gestaltung von Benutzeroberflächen zu zeigen. Dabei werden Interaktionselemente der Programmiersprache JAVA vorgestellt. Außerdem sollen für definierte Objekte und Interaktionen jeweils ein geeignetes Darstellungselement ausgewählt werden. Die Auswahl sollte begründet werden.

2 Graphische Benutzeroberflächen GUI in JAVA

2.1 Abstract Window Toolkit AWT

Java bietet zwei verschiedene Klassenbibliotheken für graphische Anwendungen an - AWT und Swing.

AWT (Abstract Window Toolkit) wurde innerhalb von 6 Wochen entwickelt. Entsprechend gab es einige negative Reaktionen auf das nicht ganz durchdachte Produkt von SUN. AWT ist im Package java.awt enthalten und ab JDK 1.1 vorhanden. Eine GUI mit AWT besteht aus drei Elementen:

-Komponenten (Buttons, Labels, Lists, Checkboxes usw.)

-Containern (Frame, Dialog, Window usw.)

-Layout Managern (FlowLayout, GridLayout, CardLayout usw.)

Komponenten und Container werden in den nachfolgenden Kapiteln näher beschrieben. Layout Manager dienen dazu Komponenten anzuordnen.

2.2 Swing

Swing wird ab JDK 1.2 bereitgestellt und ist der Nachfolger von AWT. Swing baut auf dem älteren AWT auf und ist im Package javax.swing enthalten. Es hat den Vorteil, jederzeit auf einer Plattform alle anderen Look-and-Feels (Aussehen der Dialoge) emulieren zu können. Komponenten von Swing sind leichtgewichtig. Das bedeutet, dass sie von Java direkt geändert werden und dadurch vom Betriebssystem unabhängig sind. Folglich funktionieren alle Swing-Komponenten auf allen Plattformen gleich. Im Vergleich zu AWT bietet Swing noch zusätzliche Features wie z.b. Drag & Drop, Tooltips, Schieberegler und Tastenkombinationen zur Steuerung von Komponenten. Die MVC-Architektur (Model-View-Controller) wird unterstützt. Der Nachteil an Swing ist die schlechte Performance.

3 Container

Im Sinne von Java ist das Hauptfenster einer graphischen Anwendung ein Container. Ein Container kann mehrere verschiedene Elemente enthalten, die inhaltlich zusammenhängen. Mehrere Interaktionselemente können zu Gruppen zusammengefasst werden. Für solche Zwecke werden Behälter (Container) eingesetzt. Jeder Container kann aber auch wiederum einen Container enthalten. Somit lassen sich komplexe Anordnungen der Steuerelemente aufbauen.

3.1 Frame

Eine graphische Benutzeroberfläche enthält ein Frame, welches das Primärfenster darstellt. Es besteht aus Rahmen, Titelleiste mit Minimierungs- und Maximierungs- und Schließ-Schaltflächen. Ein Frame dient als Prototyp für GUI-Anwendungen und kann eine Menüleiste enthalten.

Abbildung 1: Frame

3.2 Panel

Ein Panel dient als Container für andere Steuerelemente. Vor allem für die Ablage graphischer Komponenten und zur Gruppierung von Elementen kann ein Panel verwendet werden. Panels bilden außerdem die Basis für Applets.

Abbildung 2: Panel

3.3 Canvas

Ein Canvas (Malerleinwand) kommt für Zeichenflächen zum Einsatz. Dabei wird eine leere
Fläche für Zeichnungen reserviert. Durch die paint()-Methode wird der Inhalt sichtbar
gemacht. Eine Aktualisierung der Zeichnung erzielt man durch die update()-Methode.

Abbildung 3: Canvas

3.4 ScrollPane

Ein ScrollPane ist von der Funktion her einem Panel ähnlich. Sie unterscheiden sich nur durch
zwei wichtige Eigenschaften. Ein ScrollPane kann genau ein Dialogelement aufnehmen. Es
verwaltet eine virtuelle Ausgabefläche, die größer ist als die auf dem Bildschirm zur
Verfügung stehende. Dadurch erscheint am rechten und am unteren Fensterrand jeweils ein
Rollbalken.

Abbildung 4: ScrollPane

3.5 MenuBar und ToolBar

In einer Menüleiste befinden sich mehrere Einträge. Dabei handelt es sich um Texte, die
wahlweise mit oder ohne Icon versehen werden können. Die Einträge können auch über
Tastenkürzel aufgerufen werden. Durch Anklicken der Einträge werden zugehörige Methoden
aufgerufen. Typische Beispiele wären das Öffnen oder Schließen einer Datei.

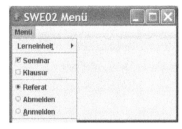

Abbildung 5: Menuleiste

Auf der Werkzeugleiste befinden sich sämtliche Schaltflächen. Diese Buttons wiederum rufen die dazugehörigen Funktionen auf.

Abbildung 6: Toolbar

3.6 DialogBox

Eine DialogBox ist ebenfalls ein Fenster, welches auf Dialoge spezialisiert ist. Minimierungs- bzw. Maximierungs-Schaltflächen sind bei diesem Objekt nicht vorhanden. Lediglich ein Schließ-Button ist vorhanden. Es gibt die Möglichkeit das Fenster im modalen Modus zu öffnen, d.h., kein anderes Fenster kann aktiv sein, bevor dieser Dialog nicht geschlossen wird.

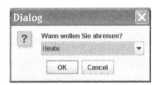

Abbildung 7: DialogBox

3.7 TextPane und EditorPane

Zur Erstellung von Bereichen, die zur Ein- und Ausgabe von Texten dienen, werden TextPane und EditorPane eingesetzt. Um dem User einen Editor zur Verfügung zu stellen verwendet man EditorPane. Mit diesem Container ist es möglich Texte zu editieren und Aktionen rückgängig zu machen.

Abbildung 8: EditorPane

3.8 TabbedPane

Mit TabbedPane ist es möglich, Dialoge mit einer Reihe von Registerkarten zu erstellen. Das sind Unterdialoge, die über ein am Rand befindliches Register einzeln ausgewählt werden können. Solche Registerkarten werden meist in Konfigurationsdialogen verwendet, wenn nicht alle Optionen auf eine Seite passen.

Abbildung 9: TabbedPane

4 Interaktionselemente

Für die Gestaltung einer graphischen Benutzeroberfläche stehen zahlreiche Interaktionselemente zur Verfügung. Man unterscheidet

-Basiselemente zur Anzeige und Manipulation von Informationen

-Elemente zur Erweiterung der Funktionalität der Basiselemente und

-Gestaltungselemente zur Verbesserung des visuellen Erscheinungsbildes.

4.1 Ein- und Ausgabefelder

Eingabefelder wie z.B. Textbox oder Textarea werden dazu verwendet, um Tastatureingaben oder Programmausgaben darzustellen. Textbox ermöglicht einzeilige Felder. Textarea kann mehrzeilige Felder erzeugen.

Abbildung 10: Textbox und Textarea

4.2 Buttons

Buttons sind Schaltflächen mit der Funktionalität eines Schalters. Sie können mit Beschriftung, Icon oder mit beidem erzeugt werden.

Abbildung 11: Buttons

Eine Checkbox ist ein Kontrollkästchen und hat meist 2 unterschiedliche Zustände.

-Zustand 1: Markiert (wahr)

-Zustand 2: Nicht markiert (falsch)

Abbildung 12: Checkboxes

Radiobuttons sind Auswahlknöpfe. Sie können 2 Zustände annehmen: markiert und nicht markiert. Aus mehreren Optionen kann eine Auswahl getroffen werden. Es kann immer nur ein Radiobutton einer Gruppe aktiviert werden. Das ist der entscheidende Unterschied zur Checkbox.

Abbildung 13: Radiobuttons

4.3 Listen und Tabellen

Listen kommen in der graphischen Benutzeroberfläche in Form von Auswahllisten vor. Sie dienen dazu, eine Auswahl von Alternativen darzustellen. Man unterscheidet zwischen verschiedenen Exemplaren von Listenfeldern.

Das „normale" Listenfeld wird mehrzeilig dargestellt werden. Die Felder sind permanent sichtbar. Der Anwender kann entweder genau ein Eintrag oder aber mehrere Einträge markieren.

Abbildung 14: List

Die Drop-Down-Liste ist Platz sparender und zeigt nur eine Zeile an. Erst beim Betätigen der zugehörigen Schaltfläche wird die vollständige Liste angezeigt.

Abbildung 15: Drop-Down-List

Eine Combobox ist eine Kombination aus einem Listenfeld und einem Textfeld. Dabei kann eine direkte Ein- und Ausgabe erfolgen.

Abbildung 16: Combobox

Tabellen werden zur Anzeige von zweidimensionalen Anordnungen von Ein- und Ausgabebereichen verwendet. Die Darstellung der Ergebnisse von SQL-Abfragen wird häufig in Form von Tabellen sichtbar gemacht.

Abbildung 17: Tabelle

Das TreeView-Steuerelement eignet sich nicht zur Anzeige der Laufwerke und deren untergeordneten Verzeichnissen, sondern auch zur Darstellung beliebiger hierarchischer Strukturen. Auch Daten aus Datenbanken können hiermit angezeigt werden.

Abbildung 18: Tree-View

4.4 Graphiken

Icons sind kleine bildhafte Darstellungen. Sie werden als Symbol am oberen linken Fensterrand platziert oder für Verknüpfungen angewendet.

Abbildung 19: Icon

Um einfache Einstellungen von numerischen Werten vorzunehmen, können Schieberegler (slider) verwendet werden. Man könnte z.B. die Konfiguration der Helligkeit oder Lautstärke mit diesem Objekt vornehmen.

Abbildung 20: Slider

Ein Progressbar ist ein Steuerelement zur Fortschrittsanzeige einer Aktion. Dieses Steuerelement wird vor allem während einer Installation oder bei längeren Kopiervorgängen transparent gemacht. Die Fortschrittsanzeige hat einen aktuellen Wert, der graphisch mit einer Füllstandsanzeige dargestellt wird und sich schrittweise vom Minimal- zum Maximalwert bewegt.

Abbildung 21: Progressbar

4.5 Erweiterte Elemente

Rollbalken (scroll bar) dienen zum Weiterblättern, wenn der Inhalt größer ist als der zur Verfügung gestellte Anzeigebereich.

Um eine optische Trennung zu erzielen kann man Trennbalken (split bar) einsetzen.

Abbildung 22: Scrollbar und Splitbar

Ein Tool Tip (contextual field) zeigt ein Erläuterungsfeld bzw. Kommentarfeld ein. Er leistet dem User Hilfestellung.

Abbildung 23: Tool Tip

4.6 Gestaltungselemente

Um das gesamte Erscheinungsbild optisch besser zu gestalten, werden Gestaltungselemente verwendet.

Um eine Gruppierung optisch deutlich zu machen, können Gruppenumrandungen (group box) benutzt werden. Eine Gruppenüberschrift (group heading) zeigt den Titel einer Gruppierung an. Führungstexte (field prompt, static text field, label) dienen zur Kennzeichnung von Elementen. Spaltenüberschriften (column heading) werden zur Benennung von Spalten in Tabellen verwendet.

5 Geeignete Steuerelemente auswählen

- **Darstellung der Anrede: Herr, Frau**

Unter der Annahme, dass bei dieser Aufgabenstellung die Anrede dargestellt und eine Option ausgewählt werden soll, empfiehlt es sich, Labels für die nicht editierbare Textanzeige zu verwenden. Für die Auswahl eigenen sich die Radiobuttons, die nur eine Option zulassen.

Abbildung 24: Radiobuttons mit Option Herr und Frau

- **Auswahl der Rabattklasse, wobei folgende Rabattklassen möglich sein sollten und bei Bedarf erweitert werden können müssen: 0 %, 3 %, 5 %, 7.5 %, 10 %, 11 %, 15 %, 20 %**

Die Anforderung, dass eine Auswahl bereitgestellt und gleichzeitig eine Möglichkeit zur Editierung gegeben werden soll, erfüllt die Combobox. Das Steuerelement List eignet sich für diese Aufgabenstellung nicht, weil eine Erweitung der Werte durch den User nicht realisierbar ist.

Abbildung 25: Combobox mit Rabattklassen

- **Anfrage an den Benutzer, ob Rechnung oder Lieferschein oder beides ausgegeben werden sollen**

Der User darf bei dieser Anfrage nur eine einzige Möglichkeit auswählen. Somit kommen Checkboxes nicht in Frage. Radiobuttons sind die passenden Interaktionselemente für diese Art von Interaktionen.

Abbildung 26: Radiobuttons mit 3 Optionen

- **Abfrage, ob eine Rechnung wirklich storniert werden soll**

Bei dieser Abfrage kommt nur eine Dialogbox in Frage, die sich in den Vordergrund schaltet. Die Anzeige eines Symbols ist Pflicht bei dieser Aufgabenstellung. Ferner soll der User die Möglichkeit haben, die Aktion abzubrechen oder fortzusetzen.

Abbildung 27: Optionpane mit Symbol

- **Anzeige der Rechneraktivitäten beim Sichern (Kopieren) eines umfangreichen Datensatzes mit Stammdaten**

Bei langen Vorgängen sollte der User über den aktuellen Status der Aktion informiert werden. Ein Progressbar zeigt zu jeder Zeit an, wie weit der Kopiervorgang ist. Ein Button eignet sich dazu, um dem Anwender die Möglichkeit zu bieten, die Aktion abzubrechen.

Abbildung 28: Progressbar zeigt Kopiervorgang an

- **Graphische Anzeige einer hierarchischen Stücklistenstruktur**

Um hierarchische Strukturen darzustellen, verwendet man das Steuerelement Treeview. Damit lässt sich eine baumartige Struktur übersichtlich anzeigen.

Abbildung 29: Tree View stellt Stücklistenstruktur dar

- **Anzeige der Teilnehmer an einem Seminar, bei denen jeweils Name, Anschrift und Betreuungsnummer sichtbar sein soll**

Die Anforderung, sämtliche Teilnehmer mit mehreren Eigenschaften bzw. Attributen anzuzeigen, lässt sich am Besten mit einer Tabelle realisieren. Mit einer Tabelle lassen sich Spalten und Zeilen anzeigen. Außerdem können Spaltenüberschriften erzeugt und angezeigt werden.

Abbildung 30: Table-Steuerelement mit der Darstellung der Seminarteilnehmer

- **Auswahl der gewünschten Farbe (z.B. anhand eines Farbnamens) eines Produktes bei einer Kundenbestellung aus einer umfangreichen Farbpalette**

Mithilfe des JColorChooser kann der Benutzer eine Farbe auswählen. Durch Nutzung dieses Elements ist es nicht mehr nötig, mehrere Checkboxes mit entsprechender Kennzeichnung der Farbe zu implementieren. Man erspart sich dadurch sehr viel Zeit.

Die entsprechende Farbe erhält man durch diesen Aufruf

```
Color c = JColorChooser.showDialog(frame,"Farbauswahl", Color.black);
```

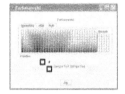

Abbildung 31: ColorChooser

- **Auswahl eines Ersatzteiles für ein Getriebe**

Um so eine Auswahl zur Verfügung zu stellen, müssen vorher bestimmte Informationen vorhanden sein. Deshalb sollte so eine Abfrage stufenweise erfolgen. Erst muss der Hersteller, dann das Modell und anschließend das entsprechende Bauteil „Getriebe" ausgewählt werden. Für solche Abfragen eignen sich die Drop-Down-Listen besonders. Die Ersatzteile wiederum können mit dem List-Element, welches mehrere Auswählmöglichkeiten bietet, als Liste angezeigt werden.

Abbildung 32: Drop-Down-Listen und List-Element

- **Aufnahme und Eingabe umfangreicher, individueller Kundenwünsche bei einer Bestellung**

Für die Eingabe umfangreicher Informationen bzw. individueller Wünsche eignet sich der Einsatz des Steuerelements Textarea, welche mehrzeilige Inputs zulässt. Folglich kann der Besteller seine Anfragen genauer formulieren. Die Größe der mehrzeiligen Textarea reicht für Eingaben von mehreren Seiten aus.

Abbildung 33: Textarea ermöglicht mehrzeilige Eingaben

- **Einstellung der Helligkeit der Hintergrundfarbe der Dialogfenster eines Softwaresystems**

Stufenweise Einstellungen können mit dem Slider erzielt werden. Die Werte können durch das Ändern des Schiebers geregelt werden. Anhand der zurückgegebenen Werte des Sliders kann dann die Einstellung der Helligkeit modifiziert werden.

Abbildung 34: Slider regelt die Helligkeit

6 Fazit

Heutzutage stehen dem Entwickler zahlreiche vorgefertigte Steuerelemente zur Verfügung.

GUIs müssen nicht mehr, wie früher, individuell realisiert werden. Dies führt dazu, dass man

sich bei der Erstellung von graphischen Oberflächen sehr viel Zeit spart. Es gibt zahlreiche

und sehr ausgefeilte Tools für das Entwerfen von GUIs, die in der Lage sind automatische

Codegenerierungen durchzuführen. Die Entwicklungsumgebung für C# Microsoft Visual

Studio.NET liefert standardmäßig einen GUI-Designer mit. Für Java eignen sich NetBeans,

Window Builder Pro und Jigloo, um GUI-Applikationen zu entwerfen. Nichtsdestotrotz

dürfen beim Entwickeln von graphischen Benutzeroberflächen die Kriterien der

Softwareergonomie wie z.B. Aufgabenangemessenheit, Selbstbeschreibungsfähigkeit,

Steuerbarkeit, Erwartungskonformität, Fehlertoleranz usw. nicht außer Acht gelassen werden.

Literaturverzeichnis

Esser, Friedrich: Java 2 Designmuster und Zertifizierungswesen, 1. Auflage, Bonn, 2001

Jobst, Fritz: Programmieren in Java, 4. Auflage, München, 2002

Krüger, Guido: Handbuch der Java-Programmierung, 3. Auflage, München, 2003

Ullenboom, Christian: Java ist auch eine Insel, 5. Auflage, Bonn, 2006